NATIONALPARK
NOCKBERGE

Ewald Neffe • Helmut Moik

Nationalpark
Nockberge

Land Kärnten
Nationalpark Nockberge

:STYRIA

Seite 5: Das Andertal-Latschenhochmoor; seinerzeit wurde hier Torf abgebaut.

Seite 6: Balzender Auerhahn – Wappentier des Nationalparks Nockberge.

Seite 7: Verwitterter Zirbenstamm inmitten rostroter Alpenrosen, im Volksmund Almrausch.

Seite 8: Rothirsche im Bast.

Seite 9: Der Klomnock spiegelt sich im Windebensee.

Seite 10: Wachsames Murmeltier.

Seite 11: Pfannsee – ein alpiner Karsee.

Seite 12: Die Berghauswurz wächst am trockenen Felsen.

Seite 13: Der Windebensee.

Seite 14: Dampfender Almboden im ersten Sonnenlicht.

Seite 15: Balzender Birkhahn.

Seite 16: „Indian Summer" im Nationalpark Nockberge.

Seite 17: Schneewechten auf der Falkertspitze.

Moschelitzen – die typische Form der Nockberge.

Schöpfung und Erbe

1987: Die Gurktaler Alpen, eine der letzten großen zusammenhängenden „Mittelgebirgsformationen" der Ostalpen, werden von der Kärntner Landesregierung zum Nationalpark Nockberge erklärt. Dadurch wird ein jahrelanger Interessenkonflikt zwischen großtechnischer wintertouristischer Erschließung und Naturgebietsschutz zugunsten der einzigartigen Natur der Landschaft der Nockberge entschieden. Den Grundstein dazu legte die Kärntner Bevölkerung, die sich bereits sieben Jahre zuvor im Rahmen einer Volksbefragung mit einem Votum von knapp 95 Prozent für den immerwährenden Schutz der Nockberge ausgesprochen hatte. In weiser Voraussicht, wie heute auch gestandene Tourismusmanager konzedieren.

Den Besucherinnen und Besuchern des Nationalparks Nockberge wird heute durch kleine Museen, behutsam angelegte Lehrpfade und kompetente naturkundliche Führungen ein tiefer Einblick in die Natur und Kultur der Landschaft geboten. Der Naturlehrpfad am Windebensee, die Bergwaldschau im alten Grundalmhaus, das „Reich der Murmeltiere" in der Pfandlhütte, die Nationalparkpräsentation in der Glockenhütte sowie die Erlebnisangebote der Nationalparkverwaltung Nockberge bringen den bildungshungrigen Besuchern Entstehungsgeschichte und Besonderheiten der Gurktaler Alpen nahe. Nichts ersetzt jedoch jene Gefühlsregungen, die der naturbegeisterte Mensch bei einer morgendlichen und alle Sinne anregenden Wanderung durch die mannigfaltige Berglandschaft des Nockgebietes empfindet.

Die Kärntner Nockberge, das sind sanft in sich ruhende Bergkuppen, unterbrochen von steil aufragenden, schroffen Kalkfelsformationen, weit ausladende Hochterrassen mit klaren Bergseen im Wechsel mit malerischen Tälchen. So ursprünglich wie der Rhythmus dieser Landschaft, so gewaltig sind die erdgeschichtlichen Vorgänge, die dazu führten.

Die Erdgeschichte, das ist der wesentliche Faktor, der den hervorstechenden Wert der Nockberge, vor allem ihre enorme Vielfalt von Flora und Fauna mitbegründet. Oftmaliger Wechsel von Land und Meer, von wüstenhaften und tropischen Klimabedingungen, von Gebirgsbildung und Erosion der gehobenen Gesteinsmassen brachten eine Gebirgswelt von großer Mannigfaltigkeit hervor. Tektonische Vorgänge ließen auf engstem Raum ein abwechslungsreiches geologisches Gefüge und differenziertes mineralogisches Substrat entstehen. Heute finden wir eine kleinräumige Verzahnung von karbonatischen und silikatischen Böden vor, die die alpinen Rasengesellschaften in intensiver Farbenpracht blühen lassen. Eine Wanderung über einen der vielen blütenreichen Horstseggenrasen, gesprenkelt mit dem schwarzrot blühenden, zart nach Vanille duftendem Kohlröschen *(Nigritella nigra),* einer Orchideenart, die im Volksmund „Bluatströpfl"genannt wird, der aromatische Duft der alpinen Thymianarten oder das interessante Odeur des Echten Speiks *(Valeriana celtica ssp. norica)* betört in der faszinierenden Bergwelt die Sinne der Wanderer. Zusätzlich zum Zusammenspiel von karbonatischen und silikatischen Bodenformationen kommt als landschaftsprägender Faktor die letzte große Überformung der Gurktaler Alpen durch die Würmeiszeit. Als deren Zeugen gestalten heute noch zahlreiche kleine Stillgewässer, alpine Flachmoore und kleinflächige Hochmoore die Landschaft sehr abwechslungsreich. Im Gegensatz zu den benachbarten, von nahezu flächendeckender Eigenvergletscherung geprägten Hohen Tauern, waren die Gipfelfluren der Nockberge während der letzten Eiszeit

vielfach eisfrei. In den niederen Lagen aufgefüllt vom Ferneis der Hohen Tauern ragten die höchsten Erhebungen der Nockberge wie kleine Inseln aus dem riesigen Eisstrom hervor.
Diese „Nunataks" genannten Inseln boten Flora und Fauna wichtige Rückzugsräume. Zahlreiche Tier- und Pflanzenarten fanden hier ein Refugium vor und überdauerten die unwirtlichen Lebensverhältnisse des „ewigen Eises". Eine ganze Reihe von Tier- und Pflanzenarten sind heute in ihrem Vorkommen auf die Nockberge beschränkt. Diese so genannten Endemiten haben im Nockgebiet ihr einziges Vorkommen innerhalb des gesamten Alpenbogens und stellen einen bedeutenden Wert für den Artenschutz dar. So findet sich die unscheinbare Zwergbirke *(Betula nana)* ausschließlich an wenigen Standorten im Bereich von Hochmooren der Nockberge, ebenso überdauerten die endemischen Arten *Miramella alpina carinthiaca,* eine alpine Heuschreckenart, und der Mohrenfalter *(Erebia claudina)* die Eiszeit in den eisfreien Gipfelzonen der Nockberge.
In den Jahrtausenden nach der Eiszeit erfolgte die Wiederbesiedelung der Landschaft nicht nur aus den tiefen Lagen im Vorfeld des vergletscherten Areals, sondern auch von oben aus den Nunataks. Nach dem Rückzug des Eises eroberten Schneehase und Schneehuhn die alpinen Lebensräume und auch ein kleiner unauffälliger und äußerst heimlicher Zugvogel, der Mornellregenpfeifer, der eigentlich in der arktischen Tundra lebt, fand Gefallen am Lebensraum der Kärntner Nockberge. Er brütet oberhalb der Baumgrenze auf spärlich mit Flechten bewachsenen steinigen Rücken und steht ebenso auf der Roten Liste der Brutvögel wie das Steinhuhn und der König der Lüfte, der Steinadler. In den letzten Jahren konnten in den Nockbergen durch große Bemühungen des Naturschutzes auch der beinahe schon ausgerottete Luchs, eine sehr scheue, in der Dämmerung jagende Raubkatze, wieder angesiedelt werden.

Ihr besonderes landschaftliches Gepräge haben die Nockberge aber nicht nur der Natur alleine zu verdanken. Seit alters her sind Wiesen, Weiden, Wald und Alm wichtige Lebensgrundlagen der Menschen der Nockberge. Die über Jahrhunderte hinweg gewachsene bäuerliche Nutzung des Gebietes ließ in den subalpinen Lagen der Nockberge ein vielfältiges und abwechslungsreiches Landschaftsbild entstehen, das durch den kleinräumigen Wechsel von Mähdern, Weiden und Wald geprägt ist. Die Almen bilden einen wesentlichen Teil der Futtergrundlage für die extensive und naturnahe Wirtschaftsweise der bergbäuerlichen Betriebe der Region. Im Wissen um die Entstehungsgeschichte der Nockberge als Wechselspiel von Natur und Kultur hat die Aufbauarbeit der letzten Jahre zu vielen fruchtbaren Kooperationen von Naturschutz, Landwirtschaft und Tourismus in der Nationalparkregion geführt. So stehen die Nockberge heute für verantwortungsvolles und nachhaltiges Miteinander von Natur, Landschaft und Mensch.
Die stillen Sensationen des Nationalparks Nockberge lassen sich wunderbar erwandern. Zahlreiche Routen führen von den umgebenden hochgelegenen Bergdörfern Winkl-Reichenau, St. Oswald, Kaning, Innernöring, Innerkrems, Turrach in die Kernzone des Nationalparks. Viele Ausgangspunkte für Wanderungen bietet auch die 34 Kilometer lange Nockalmstraße zwischen Reichenau und Innerkrems.
Der vorliegende Bildband erfasst die Landschaft der Nockberge und die Schönheit ihrer natürlichen Phänomene in beeindruckender Intensität. Die Gelegenheit, den Nationalpark Nockberge, dieses Kleinod der Ostalpen, vor Ort mit allen Sinnen wahrzunehmen und sich von seinem unvergleichlichen Reiz verzaubern zu lassen, darauf sollte kein Naturliebhaber verzichten.

Heinz Blechl

Alpenapollo auf einer Distel.

Bizarre Baumgestalten prägen das Landschaftsbild an der Waldgrenze.
Bild rechts: Die Kaninger Wollitzenseen mit verbindendem Flachmoor.

Glockenblumen im Gegenlicht.

Lärchenblüte – ein faszinierendes Naturschauspiel.

Eine blühende Berghauswurz mit verschiedenen Krustenflechten.

Krustenflechten sind die ersten Pioniere auf Silikatfels.

Typische Landschaft des Nationalparks Nockberge mit alter, knorriger Zirbe.
Bild rechts: Für drei Monate im Jahr dienen die Almflächen als wertvolle Weidefläche.

Glasklare Wasser in uriger Landschaft.

Ohne Wasser gibt es kein Leben.

Die Murmeltiere sind gesellige Almbewohner.

Ein Murmeltier beim Heuen.

Der Auerhahn ist der größte heimische Hühnervogel.

Das Nockgebiet als Heimat großer Rotwildbestände.

Punktierter Enzian.

Bild links: Verwitterte Felsblöcke mit Polsterpflanzen.
Bild rechts: Rostrote Alpenrose.

An der Schiestlscharte befinden sich ausgedehnte Weideflächen.

In ruhigen Lagen bleibt das Rotwild tagaktiv.

Die Ringelnatter trifft man in feuchten Tallagen an.
Bild rechts: Faszination Wasser.

Die Haflinger sind genügsame und trittsichere Gebirgspferde.

Das Kohlröschen, im Volksmund auch Blutströpfchen genannt, ist eine heimische Orchideenart.

Der echte Speik überdauerte die letzte Eiszeit nur in den Nockbergen und Niederen Tauern. Die Wurzel diente früher zur Parfumherstellung.

Die Lebenskraft der Zirbe ist unbestritten.

Zirbe mit Pfannock im Hintergrund und Karsterscheinungen an der Karlwand.

Der Fichten-Lärchen-Zirbenwald – die typische Waldgesellschaft der Nockberge.

Nach einem Gewitter dampft der Bergwald.

Bartflechten mit Spinnennetz.
Bild rechts: Bartflechten sind Zeigerpflanzen für höchste Luftgüte.

Durch die Extensivierung der Almflächen verschiebt sich die Waldgrenze immer weiter nach oben.

Weiblicher Gimpel (Dompfaff).

Arnika – in der Volksmedizin auch Kraftrose genannt.

Der Scheckenfalter.

Murmeltiere blicken furchtvoll zum Hauptfeind …

… zum Steinadler.

Schmalblättrige Weidenröschen am Windebensee.

Deutscher Enzian.

Tau umgibt den Alpenhahnenfuß.

Der Uhu – der größte heimische Eulenvogel.

Das Hochmoor Andertal – ein äußerst sensibler Lebensraum.

Der Alpensalamander – ein bis 16 cm langer Schwanzlurch.

Die Kreuzotter ist in ihrem Bestand stark gefährdet.

Das Knabenkraut gehört zur Gattung der Orchideen.

Die Berg-Nelkenwurz – Blüte mit Fruchtstand.

Bild links: Der Blaue Eisenhut – eine Giftpflanze.
Bild rechts: Die Kleine Teufelskralle gehört zur Gattung der Glockenblumengewächse.

Der Schwalbenwurz-Enzian.

Weißer Germer.

Die Vogelbeere ist die Frucht der Eberesche.

Bergahorn.

Die Nockberge beheimaten den größten Zirbenbestand der Ostalpen.

Zirben erreichen ein Alter von mehr als 1000 Jahren.

Eine Blaumeise auf Zunderschwamm.

Ein Buntspecht bei der Nahrungsaufnahme.

Rötliche Verfärbung der Heidelbeere im Herbst.

Die Wolfsflechte, eine giftige Strauchflechte, die früher zum Vergiften von Wölfen verwendet wurde.

Preiselbeersträucher gefangen im Eis.
Bild rechts: Eine Kreuzspinne im Netz. Diese Spinnenart gehört zu den Radnetzspinnen, weil sie radförmige Netze anlegen.

Preiselbeere – im Volksmund „Grantn" genannt.

Die Landschaft des Nationalparks lädt zum Wandern ein.

Der Herbst bietet ein faszinierendes Farbenspiel.

Der vom ersten Morgenlicht beleuchtete Gegenhang spiegelt sich an der Wasseroberfläche.

100

Blick von der Schiestlscharte Richtung Hohe Pressing (2143 m).

Die Schmuckflechte entwickelt sich auf mit Vogelkot gedüngtem Kalkstein.

Wachsamkeit prägt das Verhalten des Rotwildes.

Die Hirschbrunft bietet ein imposantes Naturschauspiel.

104

Goldgelbe Verfärbung der Lärchen im Herbst.

Der Windebensee mit dem Rinsennock im Hintergrund.

Der Tannenhäher (Zirbenhäher) ist hauptverantwortlich für die Verbreitung der Zirbe.

Der Turmfalke – einer der häufigsten Greifvögel.

Frühmorgendliches Farbenspiel.
Bild rechts: Das Morgenlicht spiegelt sich in den Strukturen einer zarten Eisschicht.

Vom Wind geformt.

Bizarre Formen im Abendlicht.
Bild rechts: Nebelmeer zwischen den Nockbergen und den südlichen Kalkalpen.

In den Bergen überlebt nur der, der dem Winter trotzt.

Das Schneehuhn im Winterkleid bietet eine perfekte Tarnung.

Die genügsame Gämse findet ihre Winternahrung auf abgewehten Graten.

Schnee und Raureif – frostige Gesellen.

„Schneedünen" im Morgenrot.
Bild rechts: Kleiner und Großer Rosennock.

Zur Fotografie – Making of

Alle Fotos in diesem Buch entstanden mit Kleinbildkameras. Neben den Weitwinkel- und Teleobjektiven (20 mm bis 700 mm) kamen auch Makroobjektive sowie Verlauf- und Zirkularpolfilter zum Einsatz. Wir verbrachten insgesamt 300 Stunden in Tarnverstecken oder -zelten, um die Aufnahmen von Raufußhühnern, von Rotwild, von Murmeltieren und von verschiedenen Vögeln realisieren zu können. Oft genug vergingen Stunden und Tage ohne Erfolg. Das Warten auf den günstigsten Augenblick empfanden wir als deutlich größere Belastung, als Tag für Tag noch vor Sonnenaufgang im Versteck verschwinden zu müssen, um die Chancen für die Aufnahmen überhaupt einmal zu wahren. Und das zu jeder Jahreszeit und bei jeder Witterung.
Unzählige Fußmärsche und Höhenmeter mussten wir zurücklegen, um für rund 300 Kleinbildfilme die Motive zu finden. Extreme klimatische Bedingungen mit Temperaturen bis zu minus 20 Grad Celsius und starker Wind in den Morgenstunden am Falkert konnten weder uns noch der Kameraausrüstung etwas anhaben. Die verwendeten Filme von 50 bis 200 ASA erwiesen sich als ideal und lieferten bei sorgfältiger Arbeit beste Ergebnisse.
Tatkräftige Unterstützung bei der Umsetzung des Projektes erhielten wir nicht nur von der Nationalparkverwaltung, auch die Jägerschaft in Kaning trug ihren Teil zum Gelingen bei. Einige der Tieraufnahmen wurden dadurch erst ermöglicht. Dafür möchten wir uns bei allen bedanken.
In erster Linie gilt unser Dank aber vor allem dem Leiter der Nationalparkverwaltung, Herrn Dietmar Rossmann. Er hat für uns nicht nur viele organisatorische Aufgaben übernommen, er war auch jederzeit bereit, uns in allen Belangen zu unterstützen.

Helmut Moik und Ewald Neffe

Die Deutsche Bibliothek - CIP-Einheitsaufnahme
Nationalpark Nockberge / Helmut Moik/Ewald Neffe. -
Graz ; Wien ; Köln : Verl. Styria, 2002
ISBN 3-222-12958-4

Bildnachweis:
Ewald Neffe: Seiten 5, 7, 8, 11, 12, 13, 14, 16, 17 18, Hintergrundbild 22/23, 24, 25, 26, 28, 29, 30, 31, 32, 33, 35, 36, 37, 38, 39, 40, 41, 44, 46, 47, 48, 49, 51, 52, 53, 54, 55, 56, 57, 58, 59, 60, 61, 62, 63, 66, 67, 68, 69, 70, 71, 72, 73 beide, 74, 75, 76, 77 rechts, 78/79, 81, 82, 83, 84, 85, 90/91 N, 94, 96/97, 100, 101, 102, 103, 104, 106/107, 108, 110, 111, 112, 113, 114, 115, 116, 117, 119, 120, 121, 122, 123

Helmut Moik: Seiten 6, 9, 10, 15, 21, 27, 34, 42, 43, 50, 64/65, 77 links, 80, 86, 87, 88, 89, 92, 93, 95, 98/99, 105, 109, 118, 124/125

Umschlag- & Buchgestaltung: Andrea Malek
Druck und Bindung: druckservice STYRIAN, Graz
Gedruckt auf Magnostar von **sappi**

Verlag und Autor garantieren, daß es sich bei den
Fotografien in diesem Werk um Originalaufnahmen handelt,
die nicht digital verändert wurden.

ISBN 3-222-12958-4